André Boccato & Estúdio CookLovers

o pão caseiro
salgados e doces

receitas tradicionais, light e com ingredientes funcionais

cozinhar faz amigos

o pão caseiro
simplicidade e sofisticação do alimento primordial

♥ Paixão universal, com toda a simbologia de vida e de alimento do corpo e da alma, o pão, em sua simplicidade e presença cotidiana é uma das maiores alegrias desta vida! E se ele estiver fresquinho, quentinho, e se ainda tivermos a felicidade de sentir seu perfume enquanto ele dourar no forno, então é um verdadeiro arrebatamento, quem sabe, divino!

♥ Mas como nos habituamos, nos dias de hoje, a obtê-lo com as facilidades do mercado e da padaria mais próxima, julgamos que fazer nosso pão em casa é extravagância, arriscada e desnecessária.

♥ Para desmistificar tal equívoco, a nova coleção CookLovers preparou uma série de receitas práticas, sofisticadas, inteligentes, sempre com a indicação de ingredientes funcionais e dicas preciosas no preparo: tudo para poder, com toda a segurança, se aventurar pelo terreno dos pães caseiros. Ajudar na descoberta de que fazer seu próprio pão, em uma porção de estilos, sabores e variações, não é nada complicado, é o objetivo das receitas deste livro.

♥ As formas que acompanham o livro-kit CookLovers, feitas de silicone, flexíveis, de fácil manutenção e limpeza, são ideais para todos os tipos de assados em forno doméstico. Garantem os mais variados formatos de bolos, tortas, doces e outros, e uma apresentação impecável do prato final, pois facilitam aquela tarefa árdua e arriscada de retirar a receita da forma. As formas de silicone suportam tranquilamente as temperaturas do forno e podem também ir ao freezer. É claro que todas as receitas da coleção CookLovers podem ser finalizadas em formas de materiais tradicionais. O resultado, em termos de sabor, consistência, etc., será igualmente garantido. Quanto à estética, ao design e à apresentação final do prato, a melhor recomendação é optar sempre pelas facilidades das novas tecnologias. Basta conferir pelas imagens do nosso livro e ver que as receitas, acima de tudo, causam a melhor das impressões.

♥ Pensando em tudo isso, CookLovers saiu à frente para pesquisar, testar e compor um inigualável caderno de receitas. O resultado está aqui, com a edição de dezenas de versões surpreendentes para um delicioso pão feito em casa. E pronto para a sua saborosa e segura experiência culinária – e para a satisfação dos felizardos que compartilharem deste alimento que permeia toda a História da humanidade e se tornou o seu mais fiel símbolo da partilha.

receitas em versão dupla
alimentos light e funcionais, os aditivos da saúde total

♥ Depois de criada, cada receita foi testada pela equipe de cozinha experimental Estúdio CookLovers. E, depois, novamente testada. As receitas CookLovers sempre propõem a substituição de alguns ingredientes por alternativas ainda mais saudáveis, sugerindo alimentos light e os chamados alimentos funcionais, em pó.

♥ E o que vêm a ser os "alimentos funcionais"? São os chamados alimentos naturais, preventivos e auxiliares no controle dos vários desequilíbrios que podem comprometer a saúde e a boa forma. Alguns deles, como certos grãos e cereais, castanhas, sementes e frutas secas, costumam figurar nas dietas mais modernas, como os compostos ou suplementos nutricionais (mix de farinhas e sementes, farelos e grãos muito ricos em fibra vegetal), complementos que ficaram conhecidos como "ração humana", ou melhor: o Alimento Funcional em Pó.

♥ Sob a consultoria da médica nutróloga Cristiane Coelho foi elaborada uma alternativa para cada receita, em versão balanceada e absolutamente light, e ainda muito mais saudável, em toda a coleção CookLovers. A mesma receita, porém com a indicação de suplementos funcionais e menos calóricos. Estas versões, light e com alimentos funcionais, se encontram em destaque ao final de cada receita.

André Boccato

André Boccato & Estúdio CookLovers

o pão caseiro

salgados e doces

Cook ♥ Lovers

índice

pão da tarde 6
pão integral recheado 8
pão da manhã 12
pão de azeitona 13
pão de carne-seca 16
pão de amendoim 19
pão com alho 20
pão-doce trançado 23
pão de fubá 24
pão de frango com catupiry . . . 27
pão de beterraba 30
pão de uvas-passas 31
pão torcido de coco e abóbora . . 34
pão de salame e provolone . . . 37
pão recheado com doce de leite . . 38
brioche 41
passo a passo 42
alimentos light, diet e funcionais 44
dicas para uma cozinha sustentável 45

pão da tarde

massa
- 1 xícara (chá) de leite morno (200ml)
- 1 tablete de fermento biológico fresco (15g)
- 400g de farinha de trigo, aproximadamente
- 1/3 de xícara (chá) de óleo (67ml)
- 1 colher (chá) de sal (4g)
- margarina para untar

recheio
- 6 fatias de presunto fatiado (120g)
- 1 tomate pequeno picado e sem sementes (100g)
- 6 fatias de mussarela fatiada (84g)
- 1 colher (sopa) de requeijão (30g)
- 1 colher (chá) de orégano (menos que 1g)

modo de preparo
massa
Unte a forma com margarina, enfarinhe e reserve. Em uma tigela, coloque metade do leite, o fermento e 1 colher (sopa) de farinha de trigo. Deixe descansar por 30 minutos. Adicione o leite restante, o óleo, o sal e misture bem. Acrescente a farinha restante, aos poucos, até a massa desgrudar das mãos. Cubra a massa e deixe dobrar de tamanho, em lugar quente e seco. Abra a massa com um rolo.

recheio
Seque o presunto e o tomate com papel-toalha. Recheie a massa com o presunto, a mussarela, o requeijão, o tomate e o orégano. Enrole e coloque na forma. Deixe crescer por mais 30 minutos e leve ao forno, em temperatura média (200°C), por cerca de 40 minutos. Sirva quente ou frio.

rendimento: = 8 porções
tempo de preparo: 2 horas e 20 minutos
tempo de forno: 40 minutos

que tal utilizar ingredientes funcionais?
♥ Substitua o amendoim por nozes ou castanhas-do-pará, na mesma quantidade.
♥ Substitua 1/2 xícara (chá) de farinha de trigo por Alimento Funcional em Pó (veja a receita na página 46).
♥ Substitua 1/2 xícara (chá) de farinha de trigo por amaranto em flocos.

para ficar + light
♥ O óleo pode ser substituído por margarina light, na mesma quantidade.
♥ O leite, a mussarela e o requeijão podem ser substituídos pela versão light desses produtos.
♥ Substitua o presunto por peito de peru, na mesma quantidade.

pão integral recheado

recheio
- 1/2 xícara (chá) peito de peru defumado picado (60g)
- 1/2 xícara (chá) de tomates secos escorridos e picados (85g)
- 1/2 xícara (chá) de queijo gorgonzola picado (55g)

massa
- 1 tablete de fermento biológico fresco (15g)
- 1/2 colher (sopa) de açúcar (9,5g)
- 1 e 1/2 xícara (chá) de farinha de trigo branca (150g)
- 1 ovo médio em temperatura ambiente
- 2 colheres (sopa) de óleo (22g)
- 1 envelope de caldo de legumes em pó (9g)
- 1 colher (sopa) de manjericão desidratado (menos que 1g)
- 1 xícara (chá) de farinha de trigo integral (145g)
- margarina para untar

modo de preparo

recheio Misture o peito de peru, o tomate seco e o gorgonzola. Reserve.

massa Unte a forma com margarina, enfarinhe e reserve. Em uma tigela grande, dissolva o fermento no açúcar e acrescente 1 colher (sopa) de farinha de trigo branca e 1/4 de xícara (chá) de água morna. Misture bem e deixe descansar por 30 minutos. Adicione o ovo, o óleo, o caldo de legumes, o manjericão, 1/4 de xícara (chá) de água morna, a farinha de trigo integral e misture. Aos poucos, junte o restante da farinha de trigo branca, até desgrudar das mãos. Sove bem a massa, cubra com um pano e deixe crescer até dobrar o tamanho. Abra a massa em um retângulo e espalhe o recheio reservado. Enrole a massa como um rocambole e coloque na forma. Deixe crescer novamente e leve ao forno, em temperatura média (200°C), por cerca de 40 minutos. Desenforme e sirva quente ou frio.

rendimento: = 8 porções
tempo de preparo: 2 horas e 20 minutos
tempo de forno: 40 minutos

que tal utilizar ingredientes funcionais?
♥ Substitua 1/2 xícara (chá) de farinha de trigo branca por aveia em flocos.
♥ Acrescente 1 colher (sopa) de Alimento Funcional em Pó à massa na hora de sová-la (veja a receita na página 46).
♥ Acrescente 2 colheres (sopa) de salsão picado ao recheio.

para ficar + light
♥ O queijo gorgonzola pode ser substituído por queijo cottage, na mesma quantidade.
♥ O óleo pode ser substituído por margarina light, na mesma quantidade.
♥ Retire o açúcar da massa. Nesse caso, dissolva o fermento na água morna.

pão da manhã
receita na pág 12 ▶

pão da manhã

massa
- 1 tablete de fermento biológico fresco (15g)
- 1 colher (sopa) de açúcar (19g)
- 1/2 pote de iogurte natural morno (100g)
- 2 xícaras (chá) de farinha de trigo (200g)
- 1/2 colher (sopa) de margarina (12,5g)
- 1 gema média
- 1 pitada de sal (menos que 1g)
- margarina para untar

recheio
- 2 colheres (sopa) de açúcar (38g)
- 150g de ricota fresca amassada
- 1 clara média
- 1/2 colher (sopa) de margarina (12,5g)
- 2 colheres (sopa) de uvas-passas escuras (38g)

modo de preparo

massa Unte a forma com margarina, enfarinhe e reserve. Dissolva o fermento no açúcar e acrescente a metade do iogurte e 1/4 de xícara (chá) da farinha de trigo. Deixe descansar por 30 minutos, para formar a esponja. Acrescente, aos poucos, o iogurte restante, a margarina, a gema, o sal, a farinha de trigo restante e sove a massa até que desgrude das mãos. Passe para uma tigela, cubra com um pano e deixe crescer até dobrar o volume.

recheio Em uma tigela misture o açúcar, a ricota, a clara, a margarina e as uvas-passas. Reserve.

montagem Abra a massa com um rolo, distribua o recheio por toda a massa e enrole como um rocambole. Transfira para a forma untada. Deixe crescer por 30 minutos e leve ao forno, em temperatura média (200°C), por cerca de 40 minutos. Espere esfriar e corte em fatias.

rendimento: = 8 porções
tempo de preparo: 2 horas e 20 minutos
tempo de forno: 40 minutos

que tal utilizar ingredientes funcionais?

♥ Substitua 1/2 xícara (chá) de farinha de trigo por amaranto em flocos.

♥ Acrescente 1 colher (sopa) de sementes moídas de linhaça dourada à massa na hora de sová-la.

♥ Acrescente 1 colher (sopa) de Alimento Funcional em Pó à massa na hora de sová-la (veja a receita na página 46).

para ficar + light

♥ O açúcar do recheio pode ser substituído por adoçante culinário, na mesma quantidade, ou seguindo a recomendação da embalagem.

♥ Retire o açúcar da massa. Nesse caso, dissolva o fermento no iogurte morno.

♥ A margarina pode ser substituída pela versão light desse produto.

♥ O iogurte utilizado pode ser o desnatado.

pão de azeitona

ingredientes
- 1 tablete de fermento biológico (15g)
- 1 colher (sopa) de açúcar (19g)
- 1/2 xícara (chá) de leite morno (100ml)
- 2 xícaras (chá) de farinha de trigo (200g)
- 1/2 colher (chá) de sal (2g)
- 1/4 de xícara (chá) de óleo (50ml)
- 1 colher (sopa) de orégano (menos de 1g)
- 1 ovo médio
- 1/2 xícara (chá) de azeitonas pretas picadas (70g)
- 1/2 xícara (chá) de tomates secos escorridos e picados (85g)
- 1/2 xícara (chá) de mussarela de búfala picada (52,5g)
- 1 gema para pincelar
- margarina para untar

veja o vídeo do passo a passo no site www.cooklovers.com.br

modo de preparo
Unte a forma com margarina, enfarinhe e reserve. Misture o fermento com o açúcar até dissolver completamente; junte o leite e 1/2 xícara (chá) de farinha de trigo. Cubra com um pano limpo e deixe descansar por 30 minutos. Adicione o sal, o óleo, o orégano e o ovo. Misture bem e vá acrescentando a farinha de trigo, aos poucos, até que a massa solte das mãos. Deixe crescer em local quente, até que ela dobre de volume. Abra a massa com um rolo de macarrão. À parte, misture as azeitonas, os tomates e o queijo. Recheie a massa e enrole, moldando o pão. Coloque o pão na forma, pincele a gema e deixe crescer dentro do forno desligado por 30 minutos. Ligue o forno, em temperatura média (200ºC), e asse o pão por cerca de 40 minutos. Sirva quente ou frio.

rendimento: = 8 porções
tempo de preparo: 2 horas e 20 minutos
tempo de forno: 40 minutos

que tal utilizar ingredientes funcionais?
♥ Substitua 1 xícara (chá) de farinha de trigo branca por farinha de trigo integral.
♥ Acrescente 1 colher (sopa) de Alimento Funcional em Pó à massa, junto com a farinha de trigo (veja a receita na página 46).
♥ Acrescente 3 colheres (sopa) de nozes picadas ao recheio.

para ficar + light
♥ O óleo pode ser substituído por margarina light, na mesma quantidade.
♥ O leite utilizado pode ser o desnatado.
♥ Retire o açúcar da massa. Nesse caso, dissolva o fermento no leite morno.
♥ As azeitonas pretas podem ser substituídas por alcaparras, na mesma quantidade.

pão de azeitona
receita na pág 13

pão de carne-seca

massa
- 1 tablete de fermento biológico (15g)
- 1/2 colher (sopa) de açúcar (9,5g)
- 2 xícaras (chá) de farinha de trigo (200g)
- 1/2 xícara (chá) de leite morno (100ml)
- 5 colheres (sopa) de óleo (55g)
- 1 pitada de sal
- margarina para untar

recheio
- 1/2 cebola média picada (115g)
- 2 colheres (chá) de azeite (4g)
- 1 colher (sopa) de manteiga (25g)
- 1 e 1/2 colher (sopa) de farinha de trigo (27g)
- 1 e 1/2 xícara (chá) de leite (300ml)
- 1 e 1/2 xícara (chá) de carne-seca dessalgada, cozida e desfiada (180g)
- 2 colheres (sopa) de salsa picada (14g)
- pimenta-do-reino e sal a gosto

modo de preparo
massa
Unte a forma com margarina, enfarinhe e reserve. Esfarele o fermento e misture com o açúcar até dissolver. Junte 1/4 de xícara (chá) de água morna, 1/2 xícara (chá) de farinha de trigo e deixe crescer por 30 minutos em local quente. Adicione o leite, o óleo, o sal e a farinha de trigo restante, aos poucos, até desgrudar das mãos. Deixe crescer, coberto com um pano de prato até dobrar o volume.

recheio
Frite a cebola no azeite misturado com a manteiga, até murchar, e junte a farinha de trigo. Abaixe o fogo e acrescente o leite, mexendo sem parar, até engrossar. Acrescente a carne-seca, a salsa, pimenta e sal. Deixe amornar.

montagem
Abra a massa com um rolo. Coloque o recheio e enrole como um rocambole. Coloque na forma, deixe crescer por 30 minutos e leve ao forno, em temperatura média (200°C), por cerca de 40 minutos. Sirva quente ou frio.

rendimento: = 8 porções
tempo de preparo: 2 horas e 20 minutos
tempo de forno: 40 minutos

que tal utilizar ingredientes funcionais?
♥ Substitua 1/2 xícara (chá) de farinha de trigo da massa por farelo de aveia.
♥ Substitua a farinha de trigo branca do recheio por farinha de trigo integral.
♥ Acrescente 1 colher (sopa) de Alimento Funcional em Pó à massa, junto com a farinha de trigo (veja a receita na página 46).

para ficar + light
♥ O óleo, a manteiga e o azeite podem ser substituídos por margarina light, na mesma quantidade.
♥ O leite utilizado pode ser o desnatado.
♥ Retire o açúcar da massa. Nesse caso, dissolva o fermento na água morna.

pão de amendoim

ingredientes
- 1 tablete de fermento biológico fresco (15g)
- 1 colher (sopa) de açúcar (19g)
- 1/2 xícara (chá) de leite morno (100ml)
- 1 e 1/2 xícara (chá) de farinha de trigo (150g)
- 1/4 de tablete de manteiga com sal em temperatura ambiente (50g)
- 1 pitada de sal (menos de 1g)
- 1/2 xícara (chá) de amendoim torrado e sem casca (68g)
- 1/2 tablete de chocolate meio amargo (90g)
- 1/4 de xícara (chá) de creme de leite (45g)
- margarina para untar

modo de preparo
Unte a forma com margarina, enfarinhe e reserve. Esfarele o fermento e misture no açúcar, até dissolver. Acrescente o leite e 2 colheres (sopa) de farinha de trigo. Misture e deixe crescer por 30 minutos, até formar uma esponja. Acrescente a manteiga, o sal, o amendoim e a farinha restante. Sove bem a massa e deixe crescer em local quente, até dobrar o volume. Pique o chocolate e leve-o ao micro-ondas, com o creme, de leite por 50 segundos. Mexa até derreter totalmente. Abra a massa com um rolo e espalhe o chocolate. Enrole como um rocambole, coloque na forma e deixe crescer novamente. Leve ao forno, em temperatura média (200°C), por cerca de 40 minutos, retire e deixe amornar. Sirva a seguir.

rendimento: = 8 porções
tempo de preparo: 2 horas e 20 minutos
tempo de forno: 40 minutos

que tal utilizar ingredientes funcionais?
♥ Substitua 1/2 xícara (chá) de farinha de trigo por farinha de quinua.
♥ Substitua o amendoim por nozes ou castanhas-do-pará, na mesma quantidade.
♥ O chocolate meio amargo pode ser substituído por chocolate amargo com mais de 60% de cacau.
♥ Acrescente 1 colher (sopa) de Alimento Funcional em Pó à massa na hora de sová-la (veja a receita na página 46).

para ficar + light
♥ A manteiga pode ser substituída por margarina light, na mesma quantidade.
♥ O leite e o creme de leite podem ser substituídos pela versão light desses produtos.
♥ Retire o açúcar da massa. Nesse caso, dissolva o fermento no leite morno.

pão com alho

massa
- 1 tablete de fermento biológico (15g)
- 1 colher (chá) de açúcar (4g)
- 1 ovo médio
- 1/2 xícara (chá) de leite morno (100ml)
- 1 colher (sopa) de manteiga em temperatura ambiente (25g)
- 1 colher (chá) de sal (4g)
- 250g de farinha de trigo
- margarina para untar

cobertura
- 1/2 xícara (chá) de óleo de canola (100ml)
- 2 colheres (sopa) de alho em pasta (56g)
- 1 colher (sopa) de sal grosso (34g)

modo de preparo
massa
Unte a forma com margarina, enfarinhe e reserve. Misture o fermento com o açúcar até dissolver. Acrescente o ovo, o leite, a manteiga e o sal. Vá adicionando a farinha de trigo até desgrudar das mãos. Deixe a massa crescer até dobrar o volume. Volte a sovar a massa e molde no formato de pão. Passe para uma forma e deixe crescer por 30 minutos.

cobertura
Misture o óleo de canola com o alho e pincele toda mistura sobre o pão. Pode deixar escorrer pelas bordas. Salpique o sal grosso e leve ao forno, em temperatura média (200°C), por cerca de 40 minutos. Sirva quente ou frio.

rendimento: = 8 porções
tempo de preparo: 1 hora e 50 minutos
tempo de forno: 40 minutos

que tal utilizar ingredientes funcionais?
♥ Substitua 100g de farinha de trigo por aveia em flocos finos.
♥ Acrescente 1 colher (sopa) de Alimento Funcional em Pó à massa na hora de sová-la (veja a receita na página 46).
♥ Acrescente 3 colheres (sopa) de sálvia picada à massa na hora de sová-la.

para ficar + light
♥ O leite utilizado pode ser o desnatado.
♥ A manteiga pode ser substituída por margarina light, na mesma quantidade.
♥ Retire o açúcar da massa. Nesse caso, dissolva o fermento no leite morno.

pão-doce trançado

ingredientes

- 2 tabletes de fermento biológico (30g)
- 7 colheres (sopa) de açúcar (135g)
- 1 xícara (chá) de leite morno (200ml)
- 500g de farinha de trigo
- 2 ovos médios
- 2 gemas médias
- 1 colher (sopa) de óleo (11g)
- 1/2 xícara (chá) de castanhas-do-pará (73g)
- 2 colheres (sopa) de manteiga (50g)
- 1 pitada de sal (menos de 1g)
- 1 xícara (chá) de frutas cristalizadas (130g)
- açúcar para polvilhar
- margarina para untar

modo de preparo

Unte a forma com margarina, enfarinhe e reserve. Dissolva o fermento em 2 colheres (sopa) de açúcar e misture metade do leite morno e 4 colheres (sopa) de farinha de trigo. Deixe descansar em local quente, por 30 minutos, para formar uma esponja. Bata no liquidificador o açúcar restante, a outra metade do leite morno, os ovos, as gemas, o óleo e as castanhas-do-pará. Misture à esponja formada e adicione a manteiga, o sal e a farinha de trigo restante, aos poucos, até desgrudar das mãos. Deixe a massa crescer em local quente até dobrar o volume. Abra a massa com um rolo e corte-a em três partes, no sentido do comprimento. Espalhe as frutas cristalizadas em cada parte e enrole como um rocambole. Trance as três tiras de massa e coloque na forma. Polvilhe açúcar sobre a trança e deixe crescer novamente. Leve ao forno, em temperatura média (200ºC), por cerca de 40 minutos. Desenforme e sirva quente ou frio.

rendimento: = 8 porções
tempo de preparo: 2 horas e 20 minutos
tempo de forno: 40 minutos

que tal utilizar ingredientes funcionais?

♥ Substitua 250g de farinha de trigo branca por farinha de trigo integral.
♥ Acrescente 1 colher (sopa) de Alimento Funcional em Pó à massa junto com a farinha de trigo (veja a receita na página 46).
♥ Substitua o leite comum por leite de soja.
♥ Acrescente 2 colheres (sopa) de sementes de girassol às frutas cristalizadas para rechear o pão.

para ficar + light

♥ A manteiga e o óleo podem ser substituídos por margarina light, na mesma quantidade.
♥ O leite utilizado pode ser o desnatado.
♥ O açúcar pode ser substituído por adoçante culinário, na mesma quantidade, ou seguindo as recomendações da embalagem. Nesse caso, dissolva o fermento somente no leite morno e misture a farinha para fazer a esponja. Misture todo o adoçante somente depois, com os ingredientes restantes.

pão de fubá

ingredientes
- 1 tablete de fermento biológico (15g)
- 1/4 de xícara (chá) de açúcar (43g)
- 1 xícara (chá) de leite morno (200ml)
- 1 e 1/3 de xícara (chá) de farinha de trigo (134g)
- 1 ovo médio
- 1/2 colher (sopa) de sementes de erva-doce (3,5g)
- 1/2 colher (chá) de sal (2g)
- 1 xícara (chá) de fubá (125g)
- margarina para untar

cobertura
- 1/2 xícara (chá) de açúcar de confeiteiro (65g)
- 2 colheres (sopa) de suco de laranja (20g)

modo de preparo
Unte a forma com margarina, enfarinhe e reserve. Dissolva o fermento no açúcar e junte metade do leite morno e 1/3 de xícara (chá) de farinha de trigo. Deixe crescer por 30 minutos para formar a esponja. Acrescente a essa esponja o leite restante, o ovo, as sementes de erva-doce, o sal e o fubá. Misture bem e adicione a farinha de trigo restante, aos poucos, até desgrudar das mãos. Deixe crescer, coberto com filme plástico ou um pano limpo, até dobrar o volume. Amasse novamente e forme um pão. Coloque na forma e deixe crescer por mais 30 minutos. Leve ao forno, em temperatura média (200°C), por cerca de 40 minutos, retire do forno e desenforme.

cobertura
Misture o açúcar, o suco de laranja e espalhe sobre o pão ainda quente. Deixe esfriar.

rendimento: = 8 porções
tempo de preparo: 2 horas e 20 minutos
tempo de forno: 40 minutos

que tal utilizar ingredientes funcionais?
♥ Substitua 1/3 de xícara (chá) da farinha de trigo por quinua em flocos.
♥ Acrescente 1 colher (sopa) de Alimento Funcional em Pó à massa junto com a farinha de trigo (veja a receita na página 46).
♥ Substitua o fubá por farinha de centeio integral, na mesma quantidade.

para ficar + light
♥ O leite utilizado pode ser o desnatado.
♥ Retire o açúcar da massa. Nesse caso, dissolva o fermento no leite morno.
♥ Sirva o pão sem a cobertura.

pão de frango com catupiry

massa
- 1 ovo médio em temperatura ambiente
- 1 tablete de fermento biológico (15g)
- 1 colher (sopa) de margarina (24g)
- 1 colher (sopa) de óleo (11g)
- 1 colher (sopa) de açúcar (19g)
- 1 colher (chá) de sal (4g)
- 500g de farinha de trigo
- 1 gema média para pincelar
- parmesão ralado para polvilhar
- margarina para untar

recheio
- 2 colheres (sopa) de óleo (22g)
- 1/2 cebola ralada (115g)
- 1 colher (sopa) de extrato de tomate (30g)
- 1 e 1/2 xícara (chá) de peito de frango cozido e desfiado (218g)
- 1/2 envelope de caldo de galinha em pó (4,5g)
- 1/2 bisnaga de catupiry (125g)

modo de preparo
massa No liquidificador, coloque o ovo, o fermento, a margarina, o óleo, o açúcar e 1 xícara (chá) de água morna. Bata bem e passe para uma tigela. Adicione o sal e vá acrescentando a farinha de trigo até desgrudar das mãos. Deixe crescer até dobrar de volume.

recheio Em uma panela, aqueça o óleo e refogue a cebola. Junte o extrato de tomate, o peito de frango e o caldo de galinha dissolvido em 1/2 xícara (chá) de água. Deixe cozinhar até secar. Desligue e espere esfriar.

montagem Abra a massa com um rolo e espalhe o catupiry. Distribua o frango sobre o catupiry e enrole a massa como um rocambole. Coloque na forma, deixe crescer por 30 minutos em local quente, pincele a gema e polvilhe o queijo parmesão. Leve ao forno, em temperatura média (200ºC), por cerca de 40 minutos. Retire e sirva quente ou frio.

rendimento: = 8 porções
tempo de preparo: 2 horas e 20 minutos
tempo de forno: 40 minutos

que tal utilizar ingredientes funcionais?
♥ Substitua 150g de farinha de trigo por amaranto em flocos.
♥ Acrescente 1 colher (sopa) de sementes de linhaça escura à massa depois de batê-la no liquidificador.
♥ Acrescente 1 colher (sopa) de Alimento Funcional em Pó à massa junto com a farinha de trigo (veja a receita na página 46).

para ficar + light
♥ A margarina, o parmesão ralado e o catupiry podem ser substituídos pela versão light desses produtos.
♥ O óleo pode ser substituído por margarina light, na mesma quantidade.
♥ O açúcar pode ser substituído por adoçante culinário, na mesma quantidade, ou seguindo as recomendações da embalagem.

pão de beterraba
receita na pág 30 ▶

pão de beterraba

ingredientes
- 1 tablete de fermento biológico (15g)
- 1 colher (chá) de açúcar (4g)
- 2 e 1/2 xícaras (chá) de farinha de trigo (250g)
- 1 e 1/2 xícara (chá) de beterraba picada ou talos e folhas de beterraba (158g)
- 2 colheres (sopa) de óleo (22g)
- sal a gosto
- 1 gema média para pincelar
- amêndoas em lâminas para polvilhar
- margarina para untar

veja o vídeo do passo a passo no site
www.cooklovers.com.br

modo de preparo
Unte a forma com margarina, enfarinhe e reserve. Esfarele o fermento e misture o açúcar até dissolver completamente. Acrescente 1/2 xícara (chá) de água quente e 1/2 xícara (chá) de farinha de trigo. Cubra e deixe descansar, por 30 minutos, para formar uma esponja. Enquanto isso, bata no liquidificador a beterraba, ou os talos e folhas, com 1/2 xícara (chá) de água, até formar um creme grosso. Misture o conteúdo à esponja de fermento, adicione o óleo e sal. Junte a farinha de trigo, aos poucos, até desgrudar das mãos e deixe a massa crescer até dobrar o volume. Sove a massa novamente e molde-a na forma. Deixe crescer novamente e pincele a gema na superfície. Leve ao forno, em temperatura média (200°C), por cerca de 40 minutos. Sirva quente ou frio.

rendimento: = 8 porções
tempo de preparo: 2 horas e 20 minutos
tempo de forno: 40 minutos

que tal utilizar ingredientes funcionais?
♥ Substitua 1/2 xícara (chá) de farinha de trigo por amaranto em flocos.
♥ Substitua 1/2 xícara (chá) de farinha de trigo por farinha de aveia.
♥ Acrescente 1 colher (sopa) de Alimento Funcional em Pó à massa na hora de sová-la (veja a receita na página 46).

para ficar + light
♥ O óleo pode ser substituído por margarina light, na mesma quantidade.
♥ Retire o açúcar da massa. Nesse caso, dissolva o fermento na água morna.

pão de uvas-passas

ingredientes
- 2 tabletes de fermento biológico (15g)
- 1/2 xícara (chá) de açúcar (85g)
- 1/4 de xícara (chá) de leite morno (50ml)
- 2 xícaras (chá) de farinha de trigo (200g)
- 1 ovo médio
- 1 colher (chá) de essência de laranja (2g)
- 2 e 1/2 colheres (sopa) de manteiga em temperatura ambiente (63g)
- 1/2 xícara (chá) de uvas-passas escuras passadas pela farinha de trigo (68g)
- margarina para untar

modo de preparo

Unte a forma com margarina, enfarinhe e reserve. Dissolva o fermento no açúcar e junte o leite e 1 colher (sopa) de farinha de trigo. Deixe descansar para formar a esponja. Adicione o ovo, a essência de laranja, a manteiga e misture bem. Acrescente a farinha de trigo restante e as uvas-passas. A massa deve ficar mole. Coloque a massa na forma e deixe crescer por 40 minutos. Leve ao forno, em temperatura média (200°C), por 40 minutos. Corte em fatias e sirva.

rendimento: = 8 porções
tempo de preparo: 1 hora e 20 minutos
tempo de forno: 40 minutos

que tal utilizar ingredientes funcionais?

♥ Substitua 1/2 xícara (chá) de farinha de trigo por amaranto em flocos.
♥ Substitua o leite comum por leite de soja, na mesma quantidade.
♥ Acrescente 1 colher (sopa) de Alimento Funcional em Pó à massa junto com a farinha (veja a receita na página 46).

para ficar + light

♥ O açúcar pode ser substituído por adoçante culinário, na mesma quantidade, ou seguindo as recomendações da embalagem. Nesse caso, dissolva o fermento somente na água quente e misture a farinha para fazer a esponja. Misture o adoçante somente depois, com os ingredientes restantes.
♥ O leite utilizado pode ser o desnatado.
♥ A manteiga pode ser substituída por margarina light, na mesma quantidade.

pão de uvas-passas
receita na pág 31

pão torcido de coco e abóbora

recheio
- 1 xícara (chá) de açúcar (170g)
- 1/2 colher (chá) de canela em pó (1g)
- 1 xícara (chá) de abóbora cozida e amassada (180g)
- 1/2 pacote de coco ralado em flocos (50g)

massa
- 1 tablete de fermento biológico (15g)
- 2 colheres (sopa) de açúcar (38g)
- 1/4 de xícara (chá) de leite morno (50ml)
- 1 e 3/4 de xícara (chá) de farinha de trigo (175g)
- 1 ovo médio
- 1 colher (sopa) de manteiga em temperatura ambiente (25g)
- 1 pitada de sal (menos de 1g)
- 1 colher (chá) de raspas de laranja (menos de 1g)
- 1/2 xícara (chá) de abóbora cozida (90g)
- margarina para untar
- 1/3 de xícara (chá) de geleia de laranja para pincelar (94g)

modo de preparo

recheio Em uma panela, coloque o açúcar, a canela e a abóbora. Leve ao fogo e mexa até obter um creme grosso. Deixe esfriar.

massa Unte a forma com margarina, enfarinhe e reserve. Misture o fermento com o açúcar até dissolver. Junte o leite e 1 colher (sopa) de farinha de trigo. Deixe descansar por 30 minutos, até formar uma esponja. Adicione à esponja o ovo, a manteiga, o sal e as raspas de laranja. Esprema a abóbora com as mãos para retirar o excesso de água e amasse-a com um garfo. Misture a abóbora à massa e vá acrescentando a farinha de trigo restante, aos poucos, até desgrudar das mãos. Deixe crescer até dobrar o volume.

montagem Abra a massa com um rolo, espalhe o coco ralado e o creme de abóbora. Enrole a massa como um rocambole e corte ao meio, no sentido do comprimento, formando duas tiras. Enrole as tiras, uma na outra, deixando o recheio virado para cima. Coloque na forma e deixe crescer em local quente por 45 minutos. Pincele a geleia de laranja sobre o pão e leve ao forno, em temperatura média (200ºC), por cerca de 40 minutos. Sirva quente ou frio.

rendimento: = 8 porções
tempo de preparo: 2 horas e 35 minutos
tempo de forno: 40 minutos

que tal utilizar ingredientes funcionais?

♥ Substitua 3/4 de xícara (chá) de farinha de trigo por amaranto em flocos.

♥ Substitua o leite comum por leite de soja.

♥ Acrescente 1 colher (sopa) de Alimento Funcional em Pó à massa junto com a farinha de trigo (veja a receita na página 46).

para ficar + light

♥ O açúcar do recheio pode ser substituído por adoçante culinário, na mesma quantidade, ou seguindo as recomendações da embalagem.

♥ Retire o açúcar da massa. Nesse caso, dissolva o fermento no leite morno.

♥ O leite e a geleia de laranja podem ser substituídos pela versão light desses produtos.

♥ A manteiga pode ser substituída por margarina light, na mesma quantidade.

pão de salame e provolone

ingredientes
- 1 tablete de fermento biológico (15g)
- 2 xícaras (chá) de leite morno (400ml)
- 1/2 xícara (chá) de manteiga (90g)
- 1 colher (chá) de sal (4g)
- 5 xícaras (chá) de farinha de trigo (500g)
- 1 xícara (chá) de salame moído (80g)
- 1 xícara (chá) de queijo provolone moído (75g)
- margarina para untar

modo de preparo
massa
Unte a forma com margarina, enfarinhe e reserve. Esmigalhe o fermento e dissolva no leite. Junte a manteiga, o sal e a farinha de trigo, aos poucos, até desgrudar das mãos. Deixe crescer até dobrar o volume. Abra a massa e espalhe o salame e o provolone. Enrole como um rocambole e coloque na forma. Leve ao forno, em temperatura média (200°C), por cerca de 40 minutos. Sirva quente ou frio.

rendimento: = 8 porções
tempo de preparo: 1 hora e 50 minutos
tempo de forno: 40 minutos

que tal utilizar ingredientes funcionais?
- Substitua 1 e 1/2 xícara (chá) de farinha de trigo por amaranto em flocos.
- Acrescente 1 colher (sopa) de Alimento Funcional em Pó à massa junto com a farinha de trigo (veja a receita na página 46).
- Acrescente 1 colher (sopa) de levedo de cerveja à massa junto com a farinha de trigo.

para ficar + light
- O leite utilizado pode ser o desnatado.
- A manteiga pode ser substituída por margarina light, na mesma quantidade.
- O salame e o provolone podem ser susbtituídos por blanquet de peru e ricota, respectivamente, na mesma quantidade.

pão recheado com doce de leite

ingredientes
- 2 tabletes de fermento biológico (30g)
- 1/2 xícara (chá) de açúcar (85g)
- 2 xícaras (chá) de farinha de trigo (200g)
- 1 pitada de sal (menos de 1g)
- 1 e 1/2 colher (sopa) de leite em pó (18g)
- 1 e 1/2 colher (sopa) de manteiga em temperatura ambiente (38g)
- 1 ovo médio
- margarina para untar

recheio
- 3/4 de xícara (chá) de doce de leite de consistência firme (195g)

cobertura
- 1 xícara (chá) de açúcar (170g)
- 1 xícara (chá) de leite (200ml)

modo de preparo
Unte a forma com margarina, enfarinhe e reserve. Dissolva o fermento em 1 colher (sopa) de açúcar e adicione 1/2 xícara (chá) de água morna. Misture 1/4 de xícara (chá) de farinha de trigo e deixe descansar para formar a esponja. Acrescente o restante do açúcar, o sal, o leite em pó, a manteiga e o ovo. Misture bem e adicione a farinha de trigo restante, aos poucos, até desgrudar das mãos. Sove a massa por 10 minutos e deixe crescer até dobrar o volume.

recheio Abra a massa com um rolo e espalhe o doce de leite. Enrole como um rocambole e coloque na forma. Deixe crescer por 40 minutos. Leve ao forno, em temperatura média (200°C), por cerca de 40 minutos.

cobertura Coloque em uma panela o açúcar e o leite. Leve ao fogo até formar uma calda média. Despeje ainda quente sobre o pão. Corte em fatias e sirva.

rendimento: = 8 porções
tempo de preparo: 2 horas e 40 minutos
tempo de forno: 40 minutos

que tal utilizar ingredientes funcionais?
- ♥ Substitua 1/2 xícara (chá) de farinha de trigo por farelo de aveia.
- ♥ Substitua o leite em pó por extrato de soja, na mesma quantidade.
- ♥ Acrescente 1 colher (sopa) de Alimento Funcional em Pó à massa na hora de sová-la (veja a receita na página 46).

para ficar + light
- ♥ O açúcar da massa pode ser substituído por adoçante culinário, na mesma quantidade, ou seguindo as recomendações da embalagem. Nesse caso, dissolva o fermento somente na água quente e misture a farinha para fazer a esponja. Misture o adoçante somente depois, com os ingredientes restantes.
- ♥ O leite em pó e o doce de leite podem ser substituídos pela versão light desses produtos.
- ♥ A manteiga pode ser substituída por margarina light, na mesma quantidade.

brioche
passo a passo da receita na página 42

ingredientes
- 1 tablete de fermento biológico (15g)
- 2 e 1/2 colheres (sopa) de açúcar (48g)
- 5 xícaras (chá) de farinha de trigo (500g)
- 3/4 de xícara (chá) de leite morno (150ml)
- 3 ovos médios
- 1 gema média
- 1/2 xícara (chá) de manteiga em temperatura ambiente (90g)
- 1 colher (chá) de sal (4g)
- 1 gema média batida para pincelar
- óleo para untar

modo de preparo
Unte a forma com óleo e reserve. Dissolva o fermento no açúcar, junte o leite morno e 1 colher (sopa) de farinha de trigo. Deixe descansar por 30 minutos até formar uma esponja. Adicione à esponja os ovos, a gema, a manteiga e o sal. Misture bem e vá acrescentando a farinha de trigo restante, aos poucos, até desgrudar das mãos. Sove a massa por 10 minutos e deixe crescer até dobrar o volume. Molde o brioche na forma. Deixe crescer por 30 minutos em local quente e pincele a gema. Leve ao forno, em temperatura média (200°C), por cerca de 40 minutos. Sirva quente ou frio.

rendimento: = 8 porções
tempo de preparo: 1 hora e 50 minutos
tempo de forno: 40 minutos

que tal utilizar ingredientes funcionais?
♥ Substitua 3 xícaras (chá) de farinha de trigo branca por farinha de trigo integral.
♥ Acrescente 1 colher (sopa) de sementes moídas de linhaça dourada à massa.
♥ Acrescente 1 colher (sopa) de Alimento Funcional em Pó à massa na hora de sová-la (veja a receita na página 46).

para ficar + light
♥ O açúcar pode ser substituído por adoçante culinário, na mesma quantidade, ou seguindo as recomendações da embalagem. Nesse caso, dissolva o fermento somente na água morna e misture a farinha para formar a esponja. Acrescente o adoçante somente depois, com o restante dos ingredientes.
♥ O leite utilizado pode ser o desnatado.
♥ A manteiga pode ser substituída por margarina light, na mesma quantidade.

passo a passo
brioche

1 - Esfarele o fermento biológico fresco em uma tigela.

2 - Acrescente o açúcar.

3 - Vá amassando o fermento para misturar com o açúcar, com o auxílio de um garfo.

4 - Espere a mistura ficar líquida.

5 - Adicione o leite morno.

6 - Acrescente 1 colher (sopa) de farinha de trigo e misture bem.

7 - Cubra com um pano e deixe descansar por 30 minutos, para formar uma esponja.

8 - Quando estiver formada a esponja, junte os ovos inteiros.

9 - Adicione a gema.

10 - Acrecente a manteiga e o sal.

11 - Misture bem e vá adicionando a farinha de trigo restante, aos poucos.

12 - Transfira a massa para a bancada.

13 - Continue misturando a farinha até desgrudar das mãos.

14 - Sove a massa por 10 minutos.

15 - Coloque a massa sovada em uma tigela.

16 - Cubra com um pano e deixe crescer.

17 - Quando a massa estiver crescida, coloque-a novamente na bancada.

18 - Corte a massa em três partes iguais.

19 - Separe uma bolinha de massa de cada parte e reserve. Molde as partes de massa restantes para que elas fiquem arredondadas.

20 - Coloque as partes na forma untada com óleo, uma ao lado da outra.

21 - Molde as bolinhas de massa reservadas e coloque-as sobre cada parte do pão.

22 - Deixe a massa crescer e pincele a gema.

23 - Leve o brioche ao forno, em temperatura média (200°C), por 40 minutos.

o mundo moderno exige que você entenda as diferenças nutricionais!

veja as receitas na página 46 ▶

alimentos light, diet e funcionais

♥ Você leu este livro e já conhece essas diferenças? Ótimo, você pode passar direto para as receitas, escolhendo o jeito que será todo seu de preparar o prato escolhido – porque receita sempre depende, em boa medida, do modo de quem faz, não é?

♥ Sabemos que a criatividade e o estilo de cada um sempre passam para cada receita: muitas vezes, ela é somente uma referência, uma forma de nos dar uma inspiração, um caminho a ir em frente. Foi para isso que fizemos este livro, para que ele seja como uma fonte de inspiração. Porém, para muitos, talvez ainda seja necessário explicar e destrinchar as importantes diferenças entre os ingredientes salientados: light, diet e funcionais.

♥ Para começar, não confundir light com diet: os produtos que levam a menção light são aqueles que têm redução mínima de 30% no valor calórico total da porção. Já os produtos diet são os que não contêm nada de açúcar e são indicados para pessoas que não podem consumi-lo. Mas atenção: isso não significa que os produtos diet sejam menos calóricos! Esse detalhe merece toda a atenção, não é? O sorvete diet, por exemplo, apresenta mais calorias que a versão normal; o chocolate diet, em algumas fabricações, também pode conter um valor em calorias superior à versão normal, ou seja, a que leva açúcar.

♥ Visto isso, quando fornecemos neste livro uma versão light da receita, estamos apenas sugerindo que você utilize ingredientes com essa chancela oficial (menos calorias que a fórmula inicial). Lembrando que tal sugestão não impõe uma dieta: serve apenas como curiosidade, se você quiser fazer uma restrição calórica.

♥ Mas e agora isso, de "alimentos funcionais"? Este termo bastante recente é utilizado para destacar alguns ingredientes, naturais ou industrializados que, quando utilizados corretamente, "ajudam" ou são mais eficientes que outros, na função de nutrir corretamente. Eis a razão para o termo: porque são de fato mais "funcionais". Exemplo: todas as fibras são mais funcionais, porque elas são essenciais ao bom funcionamento do aparelho digestivo, e a maioria da alimentação moderna, industrializada e pasteurizada, é desprovida de fibras vegetais. Por isso também é que os médicos costumam recomendar, por exemplo, farinha integral em vez da farinha branca normal.

♥ Você encontrará tudo isso nas opções de receitas do livro, como dicas de substituição de alguns ingredientes, ou adição de outros, que contenham uma espécie de mix de nutrientes "funcionais". Assim, introduzimos ingredientes ainda pouco conhecidos, ou pouco utilizados, justamente para incentivar você a ter uma nutrição mais completa e equilibrada. Mas é só uma dica! Não temos a intenção nesta coleção CookLovers de fazer um produto voltado às dietas, ou à restrição alimentar. Mas não custa dar boas dicas e apontar o lado mais saudável em relação aos prazeres da mesa. Portanto, apenas lembramos que se você puder ou quiser, vá aos poucos substituindo os produtos e ingredientes conhecidos por esses, que seguramente trarão melhor resultado nutricional, sem tirar o sabor de nada!

♥ Para completar, facilitamos ainda mais esse caminho para você: criamos uma receita que sintetiza vários componentes alimentares. Se você tiver um pouco mais de tempo, sugerimos que prepare também a receita básica do Alimento Funcional em Pó (também conhecido como "ração humana"). O Alimento Funcional em Pó vem a ser nada mais que uma composição de vários ingredientes ricos em fibras, carboidratos e vitaminas, combinados e preparados em uma espécie de farinha enriquecida. Na hora de preparar uma receita CookLovers, bastará substituir um pouco das farinhas normais por esse mix em pó. Muito fácil de fazer em casa, o Alimento Funcional em Pó pode ser guardado em um pote, pois tem longa conservação e pode ser utilizado em determinadas ocasiões, ou para uso geral.

♥ Por fim, uma palavra ainda, ou lembrete, também importante: se possível, introduza em seus hábitos alimentares os produtos orgânicos! Como eles, atualmente, têm que apresentar certificado e estão sob o controle dos órgãos agrícolas, terão uma procedência confiável e estão seguramente livres de agrotóxicos e produtos nocivos à saúde.

♥ E, agora sim, a dica essencial e final: ser um amante da gastronomia combina com cozinha sustentável. O que é isso? Bem, então vamos na próxima página para ler um pouco sobre esse tema importantíssimo e fundamental nos dias de hoje!

leite condensado light

ingredientes
- 1 xícara (chá) de leite em pó desnatado (60g)
- 1/2 xícara (chá) de água fervente (100ml)
- 1/2 xícara (chá) de adoçante culinário (10g)
- 1 colher (sopa) de margarina Becel sem sal (25g)

modo de preparo
Misture todos os ingredientes muito bem e armazene essa mistura em potes plásticos opacos, ou em vidros bem fechados, em local seco e arejado.

rendimento: 742g de produto
tempo de preparo: 10 minutos

alimento funcional em pó

ingredientes
- 20g de mamão seco triturado (liofilizado)
- 20g de abacaxi seco triturado (liofilizado)
- 20g de maçã seca triturada (liofilizada)
- 20g de banana seca triturada (liofilizada)
- 100g de farinha de linhaça estabilizada
- 100g de farelo de aveia
- 100g de fibra de trigo
- 100g de gérmen de trigo
- 75g de extrato de soja sem açúcar
- 50g de quinua em flocos
- 50g de semente de gergelim com casca
- 25g de cacau em pó
- 25g de levedo de cerveja em pó
- 25g de farinha de maracujá
- 12g de gelatina em pó incolor sem sabor

modo de preparo
Misture todos os ingredientes muito bem e armazene essa mistura em potes plásticos opacos, ou em vidros bem fechados, em local seco e arejado.

rendimento: 742g de produto
tempo de preparo: 10 minutos

dicas para uma cozinha sustentável

vivemos em um mundo repleto de oportunidades e desenvolvimento tecnológico, mas o preço é uma eterna responsabilidade por aquilo que fazemos ao nosso planeta

♥ Fiéis ao conceito CookLovers, que é o conceito daqueles que adoram a gastronomia, não poderíamos deixar de ser coerentes com a atual mensagem de preservação do meio ambiente e de práticas sustentáveis. A boa notícia é que a atitude de responsabilidade para nossa casa-planeta não é nada difícil de se aplicar na cozinha do cotidiano.
♥ Primeiramente, algumas sugestões iniciais e muito básicas:
• Planeje suas compras. Nada pior que o desperdício: faça lista de compras e seja consciente do que realmente necessita adquirir.
• No supermercado, procure produtos preferencialmente orgânicos: eles são mesmo mais caros, mas protegem não só o planeta, como também sua saúde.
• Que tal voltar a usar as antigas sacolas para carregar compras? As sacolinhas de plástico sozinhas parecem tão fininhas, inofensivas... Mas como são bilhões, estão virando vilãs da poluição, entre outros descartes e resíduos. Parece pouco, mas é que "você pode fazer" – e esse pouco faz diferença, quando somos milhares de pessoas fazendo a diferença!
• Procure se informar sobre a origem dos produtos que você consome. Entre nos sites, veja quais empresas têm uma política de reciclagem, defesa do meio ambiente. Afinal, é sempre bom você saber o que está comendo!
♥ Mas, e na prática, como fica? A sustentabilidade tem que ser praticada diariamente. Portanto, organize-se: Reduza, Recicle, Reutilize são os famosos três R do ambientalismo. Reduza o consumo de luz, água e gás, com atitudes muito simples, tais como:
• Afaste bem o fogão da geladeira, assim ela não perde tanto o frio de sua temperatura e consome menos, porque não precisa "trabalhar" tanto.
• Água de lavagem de pratos é um grande desperdício: não deixe a torneira aberta, coloque a louça suja na pia e ensaboe tudo de uma vez, só voltando a utilizar a água no momento de enxaguar.
• Tem sobras de alimentos? Sobrou o quê? As cascas e talos podem ser utilizados em ótimas receitas, os pratos não consumidos podem virar sopas, suflês, omeletes... Exerça sua criatividade! Nada de jogar fora!
• Tem coleta de lixo reciclado em sua casa ou apartamento? Exija isso! Cada ser humano produz em média uma tonelada de lixo por ano, sabia? Temos que fazer algo a respeito e no mínimo praticar a coleta seletiva, certo?
• Não jogue óleo na pia, pois causa entupimentos na rede de esgoto. Armazene o óleo utilizado em garrafas de plástico e entregue-o em postos de coleta (em geral, grandes supermercados prestam esse serviço).
♥ Há mais uma porção de pequenas atitudes que, com um pouco de participação e boa vontade, são bem simples de realizar. Como diz o ditado: "de grão em grão a galinha enche o papo"; assim funciona também com a prática sustentável.

Rua Valois de Castro, 50 - Vila Nova Conceição
04513-090 - São Paulo - SP - Brasil
Tel.: 11 3846-5141 - contato@boccato.com.br
www.boccato.com.br - www.cooklovers.com.br

© Editora Boccato / CookLovers

edição André Boccato

coordenação editorial Manon Bourgeade / Maria Aparecida C. Ramos

assistente editorial Lucas W. Schmitt

coordenação administrativa Daniela Bragança

elaboração das receitas Aline Maria Terrassi Leitão

cozinha experimental Ciene Cecilia da Silva / Henrique Cortat

fotografias Cristiano Lopes / Emiliano Boccato

fotografias contra capa (2 e 4-6) Shutterstock

produção fotográfica Airton G. Pacheco

diagramação Arturo Kleque G. Neto / Lucas W. Schmitt / Manon Bourgeade

tratamento de imagens Arturo Kleque G. Neto

revisão Maria Luiza Momesso Paulino

diretor comercial Marcelo Nogueira

colaboração Carla Mariano / Cristiane Coelho Ognibene / Fernando Aoki / Jezebel Salem / Renata Martins / Rogério Barracho

As fotografias das receitas deste livro são ensaios artísticos, não necessariamente reproduzindo as proporções e realidade das receitas, as quais foram criadas e testadas pelos autores, porém sua efetiva realização será sempre uma interpretação pessoal dos leitores.

```
Dados Internacionais de Catalogação na Publicação (CIP)
        (Câmara Brasileira do Livro, SP, Brasil)

Boccato, André
   O pão caseiro : salgados e doces : receitas com
alternativas de ingredientes funcionais e
light / André Boccato & Estúdios CookLovers . --
São Paulo : Editora Boccato, 2010.

   1. Alimentos funcionais 2. Culinária (Receitas
light) 3. Pães (Culinária) I. Estúdio CookLovers.
II. Título.

10-09351                              CDD-641.815

        Índices para catálogo sistemático:
   1. Pães : Receitas : Culinária   641.815
```

Peças e objetos das fotografias

Art Mix, Bontempo Móveis, Cecília Dale, Jorge Elias Boutique, M. Dragonetti Utensílios de Cozinha, Nelise Ometto Atelier de Cerâmica, Pepper, Porcelana Schmidt, Presentes Mickey, Roberto Simões Presentes, Spicy, Stella Ferraz Cerâmica e Suxxar.